POESÍAS DESDE BARCELONA

JULIO MORENO ESCRITOR

Julio Moreno Escritor

POESÍAS DESDE BARCELONA

JULIO MORENO ESCRITOR

Julio Moreno Escritor

POESÍAS DESDE BARCELONA

JULIO MORENO ESCRITOR

Julio Moreno Escritor

_ Catalana ten cuidado a quién miras. Porque el hombre que camelas lo tienes delante tuya.

_ Catalana eres lo más bonito y hermoso que he visto por Barcelona. Porque cuándo yo te miro eres bonita cómo las amapolas.

_ Catalana que ojos más bonitos tienes. Porque tú pelo rubio para mi eres la más guapa de las mujeres.

Julio Moreno Escritor

_ Catalana que día más bonito hace hoy. Porque tus ojos hacen que se ilumine mi sol de cada mañana.

_ Catalana si bajas al rio te mojaras con el agua. Porque los besos de un madrileño te los da con el alma.

_ Catalana si miras las estrellas te darás cuenta que tiene un beso mío para ti. Porque los ojos de mi rubia sólo los quiero para mí.

_ Catalana no me mires con esa mirada. Porque hasta la mujer más guapa tendrá envidia al decirte yo guapa.

_ Ni guapa ni fea. Pero, eso sí, Catalana con unos ojos que deslumbras cada vez que me besas.

_ Tengo una Catalana que me está volviendo loco. Porque cuándo yo la veo pasar… la echo un gran piropo.

_ Catalana los días más felices los paso contigo. Porque tú y yo nos queremos, aunque seamos amigos.

_ Catalana que ojos más bonitos tienes. Porque el sol de cada mañana te hace brillar esa hermosura que tienes.

_ Catalana no sé qué me has dado que me estoy volviendo loco. Porque tú querer se ha metido en mi alma poquito a poco.

_ Catalana no me seas romántica.
Porque el escritor más tierno se
puede enamorar de tus bellas
palabras.

_ Catalana escribiendo poesía yo a
ti te conocí. Porque yo vi en ti
algo que Barcelona no me dijo a
mí.

_ Catalana si tus noches son
tristes y mis noches son amargas.
Si quieres te hago un huequecito
por las noches en mi cama.

Julio Moreno Escritor

_ Catalana tus ojos son los ojos
más bonitos que he podido ver
por Barcelona. Porque la mujer
más bonita se encuentra en
Cornellá de Llobregat y esa mujer
me enamora.

_ Catalana eres rubia como el sol
y bonita como la noche. Y
cuándo yo te beso se levantan
todas las flores.

_ Catalana dices que tus besos
son de pasión. Porque yo creo
que no has probado otros besos
que tengan la misma sed como la
tengo yo.

_ Catalana si tus besos son
amargos y los míos son dulzura.
¿Por qué te niegas a que te coma
yo con esa ternura?

_ Catalana tú sonrisa es el sol de
cada mañana. Porque si tú me
dejas se apaga mi alma.

Julio Moreno Escritor

_ Si mi Catalana viniera todas las noches a comerme a besos. Sería el plato más dulce y tierno de todas las noches con un bonito beso.

_ Si las Catalanas nacieran en Barcelona estarían tan buenas como el vino de esta noche que me voy a beber…

_ Catalana no he visto ojos más bonitos en mi vida y con pasión. Porque desde que te vi dije: por ti moriría yo.

_ Catalana al ver esos ojos por primera vez supe lo que era el amor a primera vista. Porque hasta el escritor más tierno se paró para ver a la mujer más bonita con sus bonitas pupilas.

_ Catalana si miras la luna te darás cuenta que tiene un beso mío para ti. Porque le he dicho a mi Dios que esta poesía va dedicada para ti.

Julio Moreno Escritor

_ Tres rosas para mi Catalana. Cuatro flores para mi mujer. Y esa mujer que estoy viendo con mis ojos me la quiero comer.

_ Catalana si nuestro sueño es estar unidos. ¿Por qué tú y yo sólo somos amigos?

_ Catalana eres lo más bonito que un hombre puede desear. Porque ver tu hermosura cualquier hombre te diría guapa al verte pasar.

_ Catalana no me mires con esos ojos de enamora. Porque, cuándo se arrime el escritor que tú quieres se te caen hasta las bragas de sus bonitas palabras.

_ Catalana con los dedos de mis manos y la tinta de mi corazón escribiré dos palabras que digan TE QUIERO a mi rubia de mi corazón.

Julio Moreno Escritor

_ Los ojos de mi Catalana son los ojos más bonitos que he visto en la vida. Porque, cuándo ella me diga TE QUIERO yo la diré: olé la princesa mía.

_ Catalana cuándo la luna esta sonriente y las estrellas iluminando. Es porque un escritor esta escribiendo poesía a la mujer de sus encantos.

_ Catalana nada más verte me enamoré. Porque los besos de mi Sara toda la vida siempre los tendré.

_ Catalana tus ojos fueron lo más bonito que vi al pasar por Vilafranca del penedés. Porque, cuándo me invitasteis a esa copa de vino caí rendido a tus pies.

_ Catalana mira si me tienes loco que, soy capaz de vender mi alma solo por besar tus bonitos labios rojos.

_ Catalana ten cuidado que no te enamores al besar mis labios. Porque, cuándo me beses te prometo que te llevaré a un lugar mágico.

_ Catalana cada día que pasa soy más feliz contigo. Porque tus besos para mi son los más bonitos.

_ Catalana con el sol de Abril y la noche de Mayo. Yo soy capaz de construirte tú bonito palacio.

_ Catalana con ese arte y con esa belleza vas tanteando a todos los hombres con tú bonita presencia. Camino de rosas y camino de claveles …… ¿Dime si de verdad tú a mí me quieres?

_ Catalana no sé qué me has dado. Pero con ese querer tú a mi loco me has dejado.

_ Catalana entre el sol y luna cómo tú mujer no hay ninguna.

_ Catalana ¿No sé qué tienes en esa mirada que me matas? Pero me gusta cada vez que me miras con esos ojos que me enamoran hasta el alma.

_ Catalana eres rubia como el sol. Eres bonita como la noche. Y me encantas cuándo me besas porque tú haces que con tus besos sea una bonita noche.

_ Catalana ¿A qué la luna esta
bonita? ¿A qué sí? Es porque
tiene un beso mío para ti. Porque
no hay Catalana en el mundo que
se compare a ti.

_ Los besos de mi Catalana son
únicos en la vida. Porque, cuándo
ella me besa me lleva a un mundo
donde solo vuelan las mariposas.

_ Catalana tú querer me está
matando por dentro. Porque cada
beso que me das es una sensación
de amor y fuego.

_ Catalana con esa copa de vino tú y yo nos fuimos a beber al monte donde juntos veíamos el anochecer. Porque con esa gracia y rubia tenías que ser y con tan solo mirarte yo de ti me enamoré.

_ Catalana eres lo más bonito que hay en España. Porque vivir en Mollet del Vallès hay que tener clase y estilo para pasear por las calles de mi bonita España de mi querer.

_ Catalana mira si eres bella y romántica. Que yo por ti sería capaz de dar mi vida y mi alma.

_ Catalana dicen que enamorarse es pecado. Porque con tan solo tú mirada a todos locos nos has dejado.

_ Catalana que día más bonito. Que día más feliz. Pero lo más bonito es todos los días besarte yo a ti.

Julio Moreno Escritor

_ Catalana nada más verte me enamoré de ti. Porque tus ojos fueron una locura para mí.

_ Catalana escribiendo poesía yo me acorde de ti. Porque todas mis poesías te las dedico solo a ti.

_ Catalana entre la ruta de Barcelona y de Villanueva y Geltrú van naciendo las morenas más bonitas de toda España. Porque no he visto mujer más bonita que la morena que me enamoro a mí el alma.

_ Catalana me da lo mismo el plato que me pongas típico de Barcelona como: una botifarra a la pagés. Porque mientras que pueda beber de tú boca a mi me da lo mismo comerte a la una, a las dos, o a las tres. Porque tú serás el plato más bonito que me voy a comer.

_ Catalana los días sin ti son como no tener agua en el desierto. Porque cada día que pasa y no te tengo conmigo mi corazón por ti se va muriendo.

_ Catalana eres lo más bonito que he visto por Barcelona. Porque con ese arte que tienes vas deslumbrando a todos los hombres y con esa cara los enamoras.

_ Paris es un lujo. Barcelona es un pecado. Porque tengo a una mujer que tan solo verla loco me ha dejado.

_ Catalana cuándo nacisteis ya sabía yo que ibas a brillar. Porque con esa cara tan bonita no hay mujer que te pueda igualar.

_ Catalana con tan solo mirarte mi corazón lo has enamorado. Pero me quedo con tus labios porque son los que más me han gustado.

_ Catalana eres lo más bonito que puedo tener en la vida. Porque tener tú amor para mi es una alegría.

_ Catalana que bonitos ojos. Qué bonito tú pelo rubio. Qué bonita es tú cara. Pero lo que más adoro mi rubia es tú alma.

Julio Moreno Escritor

_ Catalana no me mires con esa mirada como yo te miro. Porque para mí tú eres un castigo.

_ Mi Catalana me quiere. Mi Catalana me ama. Pero lo que no sabe ella es que yo por mi mujer yo soy capaz de entregar hasta mi alma.

_ Catalana por las calles de
Barberá del Vallés tú y yo vamos
agarrados de la mano viendo las
rosas florecer. En un abrir y
cerrar los ojos me distes un beso y
me susurrasteis al oído: yo
contigo me casare.

_ Catalana ya puedes ser la mujer
más guapa de Barcelona. Pero si
no hay amor solo te puedo decir:
búscate a otro que no sea yo.

Julio Moreno Escritor

_ Los besos de una Catalana no los da cualquiera. Porque, cuándo te besan te meten el veneno y tú no te das ni cuenta.

_ Catalana me has hecho daño. Pero no te guardo rencor. Porque yo se muy bien que algún día te van a pagar con dolor.

_ Catalana mi alma está abandonada. Mi alma esta triste. Y luego me pides que te quiera sabiendo lo que hicisteis.

_ Tres rosas para mi Catalana. Cinco flores para mi amor. Y esta poesía se la dedico a la mujer que me rompió el corazón.

_ Catalana escribiendo poesía yo estoy todas las noches. Porque cada palabra que escribo me recuerda a tú bonito nombre.

_ Catalana no me mires con esa mirada de mujer enamorada. Porque soy capaz de entregarte hasta mi alma.

_ Catalana cuándo miro esos ojos bonitos mi corazón por ti se dispara. ¿Será por tú dulzura, o por esa cara de enamorada?

_ Catalana no me mires con esos ojos porque un día de estos me puedes enamorar con tan solo esa bonita mirada que tú solo sabes mirar.

_ Catalana ni días buenos. Ni días felices. Recuerda siempre el amor que tú un día perdisteis.

_ Catalana esos ojos nunca yo los podré olvidar. Porque se metieron tan dentro de mi corazón que necesito la muerte para poderte olvidar.

_ Catalana escribiendo poesía yo a ti te quiero enamorar. Porque tú eres la rosa más bonita que yo siempre quiero cuidar.

_ Catalana en este mundo no hay oro ni plata. Porque los besos de una Catalana son los besos más bonitos de toda España.

Julio Moreno Escritor

_ Catalana tú eres oro. Yo soy plata. Porque el amor que nos tenemos nos delata.

_ Catalana para mi eres la flor más hermosa de mi jardín. Porque nunca he visto rosa más bonita como la mujer que me quiere a mí.

_ Catalana mira si eres guapa que hasta las flores de la avenida de España se levantan para verte con esa hermosura de cara. Porque tú vales oro para mi bonita España.

_ Catalana eres. Catalana serás.
Por mucho que vivas en
Barcelona la hermosura que tienes
nadie en la vida te la quitara.

_ Los ojos de mi Catalana son dos
luceros que alumbran mi camino.
Y, cuando menos te lo esperes mi
Catalana yo en Barcelona estoy
contigo.

_ Catalana por tus bonitas calles me veo paseando contigo. Porque no hay mujer más bonita que la mujer que al día de mañana se quiere casar conmigo.

_ Catalana escribiendo poesía me costo enamorarte. Y, ahora que te tengo no pienso dejarte. Porque necesito mi muerte para yo de ti olvidarme.

_ ¿Catalana me dices que me olvide de ti? ¿Tú de verdad, sabes lo que siento? Porque el amor que tengo en mi pecho no te lo puedo describir con tan solo decirte TE QUIERO.

_ Catalana mira que eres guapa y bella. Porque la flor más bonita del planeta se rinde al ver a una mujer como tú de los pies a la cabeza.

Julio Moreno Escritor

_ Catalana mira si he escrito poesías de amor. Pero nunca he escrito una poesía para una princesa como vos.

_ Catalana mis ojos al verte se iluminaron como estrellas del cielo. Porque cuando te miré me enamoré de esa boca bonita a sabor a caramelo.

_ Catalana con una simple mirada me enamorasteis. Porque nunca en mi vida he visto una mujer como tú que pueda dominarme.

_ Catalana me dejas decirte una cosa: porque nunca en mi vida he visto una mujer tan guapa y bella de los pies a la cabeza. Porque todas las flores hermosas se rinden a tú belleza.

_ Escribiendo poesía yo me enamoré y como no de una Catalana tenía que ser. Porque la Catalana era tan guapa que caí rendido a sus pies.

Julio Moreno Escritor

_ Catalana no hay palabra mal dicha que mal interpretada. Porque, cuando una Catalana te quiere de verdad no hay provincia que pueda separarla.

_ Catalana cuando dos corazones se quieren. Es porque se aman de verdad. Porque yo a ti mi niña TE QUIERO para la eternidad.

_ Catalana soy el hombre más feliz de mi vida. Porque tengo a mi vera el amor de mi vida.

_ Tengo una espina de amor en el corazón. Y gracias a una Catalana que me dijo TE QUIERO ahí supe que era la misma mujer que amaba yo.

_ Catalana tus besos son eternos. Tus besos me llevan a la luna. Y por tenerte a mi vera soy capaz de darte mi vida entera.

Julio Moreno Escritor

_ Catalana con tú simple mirada
sé que me amas. Con tus simples
gestos me vuelves loco. Y con esa
boquita soy capaz de comerte
poco a poco.

_ Catalana con ese pelo bonito
me vuelves loco. Porque no he
visto mujer rubia como tú que me
vuelva a mi loco.

_ Catalana tus besos son oro para
mis labios. Porque nunca en la
vida había visto a una mujer
como tú besarme con ese amor
en los labios.

_ Catalana mira si yo a ti TE QUIERO que por un besos tuyo soy capaz de regalarte el mundo entero.

_ Catalana TE QUIERO para mí. Y solo para mí. Porque los besos que tú a mí me das no hay mujer en el mundo que te pueda igualar.

_ Catalana si yo a ti te quiero y te amo. ¿Para que quiero a las demás? Sí contigo ya voy sobrado.

Julio Moreno Escritor

_ Catalana eres lo más hermoso que he visto en mi vida. Porque no hay mujer que te iguale con esa dulzura.

_ Catalana escribiendo poesía yo a ti te quiero enamorar. Porque ver poesía en una Catalana es lo más bonito que un Madrileño puede escribir sin más.

_ Catalana eres rubia como el sol. Preciosa como una rosa. Y de tus ojos me enamoré cuándo vi la mujer más guapa y hermosa.

_ Las Catalanas tienen algo en su mirada. Y ocultan algo en su corazón. Porque ellas quieren con el alma y te besan hasta llegar el corazón.

_ Catalana tú para mi eres lo más bonito de mi vida. Porque nunca he visto una Catalana guapa y bonita cuándo dice una de mis poesías.

_ Catalana ¿No me pidas oro, ni tampoco plata? Pídeme mis besos que son los besos que a ti te faltan.

_ Catalana nada más que veo esos ojos yo de ti me vuelvo loco. Porque esa mirada tiene algo que a mi me esta volviendo loco.

_ Catalana tú me quieres. Yo a ti te amo. ¿Cuándo tú quieras nos casamos?

_ Catalana escribiendo poesía para una mujer que da por mi su vida. Porque yo sé muy bien que la niña que yo quiero es la Catalana de mi vida.

_ Los ojos de mi Catalana son los ojos más bonitos del cielo. Y en cada punta de las estrellas pone: .... es la mujer que yo más quiero.

Julio Moreno Escritor

_ Los ojos de mi Catalana son dos estrellas que iluminan mi camino. Y en cada punta de las estrellas pone: todas las noches yo sueño contigo.

_ Catalana mira si yo te quiero y te camelo. Porque todas las noches sueño con la Catalana que yo más quiero.

_ Catalana con tan solo tú mirada yo me enamoré. Porque verte delante mía fue lo más hermoso que a este escritor le puedes ofrecer.

_ Los ojos de mi Catalana son dos
estrellas que iluminan mi camino.
Y en cada punta de las estrellas
pone: Julio Moreno Guisado te
quieres casar conmigo.

_ Catalana no hay paisaje más
bonito que Pineda de Mar.
Porque verte en aquella bonita
piedra sentada esperando a un
hombre como yo de verdad.

_ Catalana no me mires con esa mirada. Porque tú para mi eres una mujer que se merece un castillo por tus bonitas palabras.

_ La Catalana que yo quiero su padre no me la da. Porque dice que soy muy mujeriego y su padre no sabe cómo es su hija por detrás.

_ Catalana no he visto mujer más guapa que mi mujer. Porque al mirarla veo la mujer más guapa del municipio Granollers.

_ Catalana eres bonita como la noche. Eres preciosa como la luna. Y por las calles de Rubí luces como ninguna.

_ Catalana si miras las estrellas te darás cuenta que hay millones de ellas. Pero ninguna se parece a ti porque tú eres la más bella.

_ Catalana cuándo escribo poesía solo pienso en ti. Porque tú eres mi inspiración y mis ganas de vivir.

_ Catalana te quiero. Te amo. Pero lo más bonito de este planeta es poder estar a tú lado.

_ Catalana sé qué mis poesías te llegan al alma. Solo porque las he escrito yo. Porque Julio Moreno Guisado te quiere con toda su alma.

_ Catalana tienes algo que me vuelve loco. Porque ver esa cintura y esos labios tan rojos a mí me está dejando loco.

_ Catalana no me pidas las
estrellas cuándo yo voy a buscar
ángeles en el cielo. Porque nada
más verte dije: gracias Dios por
concederme este bonito obsequio.

_ Catalana sé que merezco el
cielo. Pero me conformo con tus
bonitos besos.

_ Catalana mira si yo a ti te quiero
y encima yo te amo. Porque lo
más bonito de mi vida es poder
estar contigo a tú lado.

Julio Moreno Escritor

_ Catalana paseando por las calles de Barcelona yo a ti te vi. Nos crucemos unas miradas y desde ese día solo vivo por ti.

_ Catalana se que escribo poesía solo para enamorarte. Porque tú para mi tienes unos ojos que yo Julio Moreno Guisado quisiera conquistarte.

_ Catalana tú eres poesía para mis oídos. Porque nunca había visto una mujer como tú que me diga a la cara: cariño mío.

_ Catalana tú eres mi vida, pero también eres mi amor. Pero quiero que sepas que nadie te quiere como te quiere Julio Moreno Escritor.

_ Catalana mira que escribo poesía y palabras de amor. Y, cuando yo te vi eras la poesía más bonita que había visto mi corazón.

Julio Moreno Escritor

_ Catalana eres bonita como la luna. Eres bonita como el sol. Porque todas las Catalanas guapas son de una bonita ciudad que se llama Ripollet de mi corazón.

_ Catalana por las calles de Castellar del Vallés yo te vi pasar. Te eché una mirada y me dije: este bombón no se me puede escapar.

_ Catalana mira que escribo y vuelvo a escribir poesía para ti. Porque nunca había encontrado a una mujer como tú que me hiciera feliz.

_ Catalana si yo pudiera besarte sería el hombre más feliz. Porque nunca había visto a una mujer como tú que luchara por mí.

_ Catalana ¿A qué la luna está bonita? ¿A qué sí? Es porque tiene un beso mío para ti. Porque no hay mujer en el mundo que yo la diga TE QUIERO antes de irme a dormir.

_ Catalana ¿Nunca te enamores de un escritor? Porque solo de su boca escucharas palabras que te llegaran al alma e incluso al corazón.

_ Catalana ¿Si las noches son frías y amargas? No te preocupes que yo soy capaz de alegrarte la noche con mis bonitas palabras.

_ Tres rosas para mi Catalana. Cinco flores para mi mujer. Y lo más hermoso que tengo son: Mi familia, mis hijos y mi mujer.

_ Catalana hoy me he levantado con ganas de besarte como nunca te he besado. Porque nada más verte tú eres la mujer que me ha embrujado.

_ Catalana cuento las horas solo para poder verte. Porque ver esos ojos tan bonitos son mi perdición y mi muerte.

_ Catalana si me vas a querer que sea de verdad. Porque jugar con mi amor es perder tú tiempo y reírte de mi corazón.

Julio Moreno Escritor

_ Catalana escribiendo cuatro letras para la mujer de mi corazón. Porque tú eres mi alma y la única mujer que se ha ganado mí corazón.

_ Catalana ya se que soy poeta y escribo palabras de amor. Pero para mí eres la poesía más bonita que tengo dentro de mi corazón.

_ Catalana yo no sé si quererte o amarte. Pero cuándo yo te veo mi corazón por ti late.

_ Catalana por las calles de L'Hospitalet de Llobregat yo a ti te vi pasar con esa hermosura que no me podía controlar. Porque una Catalana como tú es difícil de enamorar.

_ Mujer por tus manos corre sangre Catalana. Pero por dentro de mi alma corre los besos que tú a mí me dabas.

Julio Moreno Escritor

_ Catalana tú bonito nombre me tatué en mi bonito pecho. No con tinta de tatuar, sino con tinta que nunca se podrá borrar.

_ Catalana la luna fue testigo de mi amor. Porque tus bonitos ojos se reflejaron en mi mirada nada más besarte con pasión.

_ Catalana mira si he escrito poesía y mira si te escribo con amor. Pero la mejor poesía de mi vida la tengo delante mía porque poesía eres tú mí amor.

_ Catalana no me mires con esos ojos bonitos que me puedo enamorar. Porque tú sabes muy bien qué al día de mañana yo te puedo conquistar.

_ Catalana tus besos son veneno para mis labios. Tus ojos son dos estrellas que alumbran mi camino. Y esa cara tan bonita es la que yo sueño por tenerla conmigo.

Julio Moreno Escritor

_ Catalana mirando las estrellas
todas las noches me acuerdo de ti.
Porque un día te dije: tú eres mi
vida y yo muero por ti.

_ Catalana paseando por las calles
de Badalona yo contigo me vi.
Porque con tan solo mirarte dije:
esa rubia va a ser para mí.

_ Catalana si yo te quiero y te
amo. No hay mujer como tú que
me deje loco y enamorado.

_ Catalana tus ojos son dos estrellas que iluminan mi camino. Y en cada punta de las estrellas pone: tú y yo siempre estaremos unidos.

_ Catalana tú para mi eres oro. Porque nunca en mi vida había visto a una mujer que me dijera TE QUIERO mirándome a los ojos.

Julio Moreno Escritor

_ Catalana dicen que soy poeta.
Pero yo les digo que soy escritor.
Porque te digo una de mis poesías
y te enamoro el alma e incluso tú
bonito corazón.

_ Catalana no me escribas en un
mensaje te quiero. Porque lo que
yo más quiero en esta vida es
darte mi amor y mi cariño
sincero.

_ Catalana tú para mi eres lo más
bonito del cielo. Porque cuando
yo a ti te veo, veo las estrellas con
tan solo un bonito beso.

_ Catalana la luna esta triste porque ya no te ve pasar. Porque yo le dije: que tú ya no me quieres ver más.

_ Catalana escribo poesía para enamorar. No sé si te enamorasteis de mi al verme, o por mis poesías que te hacen soñar. Porque no hay nadie que me pueda igualar.

Julio Moreno Escritor

_ Catalana yo sé muy bien que me quieres. No sé si también me amas. Pero cuándo tú quieras verme coge el móvil y me llamas.

_ Catalana cuándo yo te veo pasar por mi calle mi corazón palpita. ¿Será por tú hermosura, o por tú cara bonita?

_ Catalana eres rubia como el sol. Y bonita como la noche. Y en tú curriculum pone: la rompe corazones.

_ Catalana paseando por las calles de Mataró contigo yo me cruce. Porque estaba viendo a una tremenda mujer que estaba más buena que un tren.

_ Catalana si a la luna tengo que ir para darte un beso. Mejor me quedo en mi bonito sueño y así yo soy tú único dueño.

Julio Moreno Escritor

_ Catalana cuando yo te miro tus ojos se encienden como dos bonitos farolillos. Porque desde que te conocí me tienes loco y enamoradito.

_ Catalana tus ojos son dos estrellas que iluminan mis bonitos ojos cada vez que yo te veo. Porque tienes algo en tú mirada qué tú a mí me quitas el sueño.

_ Catalana si la noche esta estrellada y mis besos solo a ti te calman. Imagínate lo que haríamos tú y yo a solas en mi cama.

_ Catalana mira si yo a ti te quiero. Que soy capaz de rezar a la virgen María por darte un beso y llevarte hasta tú bonito cielo.

_ Catalana si Dios me dijo que tú eras para mí. ¿Qué haces todavía ahí?

Julio Moreno Escritor

_ Catalana tus ojos son dos luceros que iluminan mi camino por dónde paso. Porque tú para mi eres la rosa más bonita qué tengo en mi jardín aquí al lado.

_ Catalana, ¿Cómo quieres que te miré a esa bonita cara? Porque tú para mi eres la más bonita de Gavá.

_ Catalana las rosas de tú pelo son las rosas más bonitas de mi jardín. Porque cuándo yo voy a verlas ya se han ido junto a ti.

_ Catalana no me mires con esos ojitos de enamorada. Porque cuando yo te veo esa cara tan bonita me dan unas ganas de comerte esa preciosa cara.

_ En la vida hay amores más bonitos que el cielo. Y amores que nunca se olvida en la vida. Porque tener a una madre Catalana eso nunca se olvida.

Julio Moreno Escritor

_ Catalana para mi eres oro para mis poesías. Porque cada letra que escribo en mis libros con tú bonito nombre es una bonita poesía.

_ Catalana te echo de menos por las noches. Por el día sufro tú ausencia. Y me arrincono en un rincón de mi casa esperando una bonita noticia.

_ Catalana mirando las estrellas me acuerdo mucho yo de ti. Porque tus besos eran los besos más bonitos que yo a Dios pedí.

_ Catalana tú eres oro y yo soy plata. Y me moriría yo por besar esa linda cara.

_ Catalana no he visto mujer más guapa que la mujer del escritor. Porque cuándo lee una de sus poesías hasta el mismo escritor se enamoró.

_ Catalana yo soy poeta. Pero también soy escritor. Porque compongo unas poesías con toda mi alma que la mujer que está leyendo esto de mi se enamoró.

_ Catalana con mis manos escribo poesías de amor. Con mi mente empiezo a imaginarte. Pero lo que más me gusta es poder besarte.

_ Catalana eres flor por donde caminas. Porque no hay mujer que te iguale con esa bonita sonrisa.

_ Catalana si a Cataluña tengo que ir para poder comerte. ¿Quién se resistiría con esa boca tan dulce y sonriente?

_ Catalana al mirar tus bonitos
ojos veo un amor verdadero.
Porque lo que más te interesa es
mi corazón bonito y sincero.

_ Catalana mira que he visto
poesía. Pero cuándo yo te veo
comprendo a los poetas al escribir
estas bonitas poesías.

_ Catalana eres bonita. Eres un
clavel. Pero lo que más me gusta
de ti es: comerme esa boca a
sabor a miel.

_ Catalana ya estoy contando los días y las horas para poder verte otra vez. Porque desde el día en que me besasteis me dejasteis un aroma a fresa con sabor a miel.

_ Catalana mira si yo a ti te quiero. Qué con la sangre de mis venas me tatuaría tú nombre en mi bonito pecho.

_ Catalana paseando por las calles de mi bonita Sant Cugat del Vallès al verte me quede loco al ver tanta hermosura de mujer. Porque nunca había visto a una mujer con tanta clase de la cabeza a los pies.

_ Catalana eres brisa en mi bonita mirada. Porque nunca en mi vida había visto a una bonita mujer que me dijera TE QUIERO con una sonrisa en la cara.

Julio Moreno Escritor

_ Catalana si por las noches estas
triste y amargada. Es porque no
tienes a un escritor madrileño que
por las noches te acompaña.

_ Catalana tú sabes que te camelo.
Porque no hay mujer gitana que
me de esos ricos besos.

_ Catalana mira si yo a ti te
quiero. Qué por un beso tuyo te
escribiría la palabra más bonita de
ocho letras que es: TE QUIERO.

_ Los ojos de mi Catalana son los
ojos más bonitos del cielo.
Porque no hay mujer más guapa
en el mundo entero.

_ Catalana mira si te camelo. Qué
soy capaz de bajarte el universo
solo por entregarme tú bonito
cuerpo.

Julio Moreno Escritor

_ Catalana sé que escribo poesías
de amor. Pero de vez en cuando
me gusta que me lean una poesía
con pasión. Porque así al día de
mañana sé a quién le puedo
entregar mi bonito corazón.

_ Catalana mis bonitos días
contigo son los días más felices de
mi vida. Porque delante mía tengo
a la mujer más guapa de esta tierra
que es de: Sant Andreu de la
Barca y de la tierra mía.

_ Catalana tú cuerpo es poesía. Tus ojos es una luz que me ilumina todos los días. Y tú bonita boca es donde yo contigo me perdería.

_ Catalana si tú nombre pudiera escribir en una hoja de papel sería el hombre más feliz. Porque quiero que sepas que solo escribo poesía para enamorarte a ti.

Julio Moreno Escritor

_ Catalana eres la letra más bonita que escribo en mi libro de poesía. Porque una mujer como tú se merece tener una bonita poesía.

_ Catalana si miras la luna te darás cuenta que hay un beso mío para ti. Porque antes de irme a dormir le pido a mi Dios que vuelvas de nuevo junto a mí.

_ Catalana mis días sin ti son los peores días de mi vida. Porque ya no tengo a mi vera la mujer que amo con mi alma entera.

_ Catalana si quieres amar solo tendrás que leer poesía y asía aprenderás lo que es el amor de verdad. Porque a un hombre no se le hace daño ni con mentiras ni con falsedad.

_ Catalana tus mentiras y tus traiciones me han hecho ya dudar. Porque si de verdad me quieres nos casamos en la iglesia Santa Coloma de Gramanet es dónde tú un día querías casarte conmigo de verdad.

Julio Moreno Escritor

_ Catalana mira si yo a ti te quiero que sin ser el día catorce de febrero te regalo flores, aunque estemos en invierno. Porque una mujer como tú se merece el mundo entero.

_ Catalana eres rubia como el sol y preciosa como la noche. Y cuándo vas caminando por la calle a todos los hombres los deslumbras porque tú eres la reina de la noche.

_ Catalana mis noches están tristes. Porque no tengo tus besos esos besos que tú a mi me prometisteis.

_ Catalana eres bonita como los rayos del sol. Porque tú para mi eres una reina y también un rico bombón.

_ Catalana tus ojos son dos luceros que alumbran mi camino. Porque tú boca es un lujo donde yo me pierdo.

_ Catalana yo todos los días te escribo una poesía de amor. No para enamorarte, sino para que me entregues tú corazón y a besos camelarte.

_ Catalana mira si yo a ti te quiero qué soy capaz de escribirte la cosa más bonita que tiene ocho letras dándote un bonito beso.

_ Catalana eres mi vida. Eres mi amor. Eres la mujer con la que siempre he soñado tener yo está preciosa aventura de amor.

_ Catalana no quiero ser pesado y mucho menos cansino. ¿Pero alguna vez te he dicho que me tienes loco y enamoradito?

_ Catalana no sé qué me has dado que no puedo dejar de pensar en ti. Porque, cuándo yo te pienso mi alma sufre al no tenerte a ti.

_ Catalana solo escribo para ti. Porque quiero que comprendas que mis poesías solo van dirigidas a ti.

_ Catalana mira si escribo poesías de amor que este pedazo de libro de poesías lo he escrito para decirte que estoy loco por ti de amor.

_ Catalana tú bonito nombre se refleja en mi bonita alma. Porque tú y yo hacemos una bonita pareja porque nos queremos tú y yo hasta el alma.

_ Catalana caminado por
Esplugas de Llobregat yo a ti te vi
pasar. Porque una anciana me
dijo: que yo con una bonita
Catalana me iba a casar.

_ Catalana no busco ni rubias ni
morenas. Porque lo que yo quiero
es que al día de mañana me digan
a la cara: Julio Moreno Guisado tú
sí que vales la pena.

Julio Moreno Escritor

_ Catalana el día en que leas mi libro de poesías espero que te guste. Porque nunca tendrás un libro de poesías que por las noches a ti te anime.

_ Catalana se que soy oro para tus oídos. Porque no hay mujer como tú que me diga: olé mi marido.

_ Tres rosas para mi Catalana. Cuatro rosas para el amor de mi vida. Y esta bonita poesía para la mujer que amo con toda mi alegría.

_ Catalana cuándo te pienso todas las noches vivo un bonito sueño contigo. Porque tú eres mi reina y yo soy tú marido.

_ Catalana no me mires con esos ojos que te puedo enamorar. Porque mi madre me dijo: que tuviera cuidado porque me quieres cazar.

Julio Moreno Escritor

_ Catalana la poesía es bonita.
Tus sentimientos son puros de
corazón. Y cuando tus ojos me
miran son los ojos más bonitos
que tengo dentro de mi corazón.

_ Catalana nada más verte yo de ti
me enamoré. Porque una mujer
como tú se la respeta de la cabeza
hasta los pies.

_ Catalana eres guapa. También
eres bonita. Pero lo que no
soporto son tus mentiras.

_ Catalana navegando por tus ojos yo me pierdo en tú bonita boca que es el océano más poderoso para perderme contigo a solas.

_ Catalana si tú me miras a los ojos verás el amor que tengo hacía ti. Porque tú y yo somos uno porque el universo me dijo: que tú eras para mí.

_ Catalana yo sé muy bien que escribo poesías de amor. ¿Pero tú de verdad quieres lo mismo que yo?

_ Catalana mis poesías solo hablan de ti. Porque una mujer como tú se merece que la hagan feliz.

_ Catalana cuándo veo esos bonitos ojos mis poesías salen de mi alma solo para ti. Porque escribir poesía a una Catalana como tú es un honor para mí.

_ Catalana no me mires con esos ojos ardientes. Que un escritor como yo te puede camelar con mis palabras bonitas y ardientes.

_ Catalana mi corazón es tú esperanza. Mi alma es tú escudo. Doy por ti mi vida y el mundo.

_ Catalana tus bonitos besos son una alegría para poder seguir escribiendo mis preciosas poesías. Porque tú para mi eres mi musa esa que le da vida a mis bonitas poesías.

Julio Moreno Escritor

_ Catalana si tengo que aprender a hablar en Catalán lo haría encantado. Pero, sería mejor que me enseñaras tú aquí conmigo a mi lado.

_ Catalana tus besos me saben a sabor a fresa. Porque cada vez que tú a mí me besas me vuelves loco de la cabeza.

_ Catalana al ver esos ojazos me enamoras cada día más. Porque tú tienes algo en esa mirada que no la tiene las demás.

_ Escribiendo poesía a una bonita Catalana que con mirarla a los ojos me dejo con las ganas de darla un beso en su bonita cara. Porque las Catalanas tienen algo en los ojos y unos besos que te matan.

_ Catalana con esos ojos azules como el cielo yo me pierdo todas las noches. Porque al mirar esos ojos bonitos veo un mundo contigo lleno de ilusiones.

Julio Moreno Escritor

_ Catalana al mirarte a los ojos comprendí que para conquistarte tenía que ser poeta. Porque una mujer como tú solo se la conquista escribiendo poesía de la buena.

_ Catalana cuando te miro a los ojos me dan ganas de besarte. Porque tienes unos labios que yo no sé cómo controlarme.

_ Catalana si eres pecado te comería muy despacito. Porque las cosas delicadas tienen un sabor muy rico.

_ Catalana mira si te quiero que soy capaz de ir Montcada no para robarte ni llevarte a la cama. Sino para quitarte esa espina que tienes en el alma.

_ Catalana en Sant Cugat del Vallès no te podía dejar de ver. Porque eres un tesoro de la cabeza a los pies.

_ Catalana que bonita eres. Qué bonita es mi amor. Pero más bonita es mi ciudad Tarrasa en la que vivo yo.

Julio Moreno Escritor

_ Catalana que ojos más bonitos
tienes. Que mirada atractiva. Pero
lo que más me gusta de ti es:
como tú a mí me miras.

_ Catalana no sé tú nombre. Y me
gustaría saberlo. Porque quiero
que seas mi rubia porque yo por ti
muero.

_ Catalana eres rubia. Estas como
un cañón. Mira que he visto
rubias en mi vida, pero como tú
no hay en el mundo dos.

_ Catalana mira si yo a ti te quiero. Qué por una mirada tuya sería capaz de traerte el universo.

_ Catalana si mis ojos te enamoran. Imagínate lo que me hacen tus bonitos ojos que parecen dos bonitas pistolas.

_ Catalana si a Molins de Rey tengo que ir que sea por amor. Porque nunca he visto a una mujer tan guapa como tú mi amor.

Julio Moreno Escritor

_ Catalana si mi alma esta triste es porque tengo el mal de amores. Porque nunca en mi vida había visto a una mujer que rompa corazones.

_ Catalana la noche se va. El día me espera. Y la mujer que yo quiero en la casa la dejo escondida.

_ Catalana dicen que soy poeta. Yo les digo que soy escritor. Porque las poesías que escribo las escribo con arte y con mucha pasión.

_ Catalana eres mi vida. También eres mi amor. Porque nunca en mi vida había visto a una mujer más hermosa que me robe el corazón.

_ Catalana mírame a los ojos y veras el amor verdadero. Porque nunca en tú vida encontraras un hombre que te diga: TE QUIERO.

Julio Moreno Escritor

_ Catalana ya me queda poco para irme. Pero tú siempre estarás en mi corazón porque tú eres la que yo siempre quise.

_ Catalana tú amor fue lo mejor que me ha pasado. Por eso, quiero que sepas que yo te quiero y te respeto por los cuatro costados.

_ Catalana mira que he escrito poesías de amor. Pero tú eres la poesía más bonita que ha penetrado en mi corazón.

_ Catalana no me mires con esos ojos que me vas a comer algún día. Porque yo sé muy bien que tú a mí me quieres todavía.

_ Catalana ¿Si de verdad me quieres? Déjame entrar en tú corazón, porque no hay hombre que te quiera como yo.

_ Catalana tus besos son oro para mis poesías. Porque, cuándo yo a ti te beso mujer me das la alegría.

_ Catalana mira que eres difícil de resistir. Porque nunca en la vida había visto a una mujer que se resistiera a mí.

_ Catalana con mis locuras y mis poesías yo soy muy feliz. Porque tú eres el amor de mi vida que me hace ser tan feliz.

_ Catalana los días que pienso en ti son los días más felices de mi vida. Porque a mi lado tengo la mujer que yo quiero desde lo más profundo del alma mía.

_ Catalana eres mi tormenta, pero a veces eres mis días lluviosos. Porque eres la que calma mis miedos con un beso de locos.

_ Catalana eres poesía. Porque tus ojos son mi maldición en una noche loca leyendo poesía.

_ Catalana beso de amor. Beso de traición. ¿Dime qué beso te quedas? Si el beso es de un Español.

Julio Moreno Escritor

_ Catalana mirando tus ojos yo veo el universo entero. Porque tú para mi eres un amor que bajo del cielo.

_ Catalana si algún día cometiera pecado sería contigo. Porque tú eres el mejor plato que siempre me he comido.

_ Catalana yo te quiero y te amo. ¿Cuándo tú quieras nos escapamos?

_ Catalana no me mires con esos lindos ojos de mujer enamorada. Porque Julio Moreno Guisado es capaz de escribirte una poesía con tú bonita mirada.

_ Catalana no sé qué me está pasando. Pero cuando veo esos ojos bonitos más de ti me estoy enamorando.

_ Catalana sabes que te aprecio y al mismo tiempo te camelo. Porque tú eres la única mujer que yo Julio Moreno Guisado yo por ti muero.

_ Catalana que bonita esta la noche. Pero el día también es precioso. Porque los besos de mi Catalana me los da con ese arte que me dejan loco.

_ Catalana tú bonito nombre me llama la atención. Pero esa mirada que tienes se clavó nada más verte en mi corazón.

_ Catalana caminando por
Sardañola del Vallés con tú bonita
mirada yo me cruce. Porque tú
eres una rosa convertida en
hermosa mujer.

_ Catalana tus besos son los besos
más felices de mi vida. Porque
nunca he visto a una mujer que
me bese en una bonita ciudad
como Martorell en una noche
bajo la luna.

Julio Moreno Escritor

_ Catalana tus ojos fueron los
ojos más bonitos que he visto por
Premiá de Mar. Porque nunca
había visto a una mujer tan guapa
y bonita de verdad.

_ Catalana mira si te quiero. Qué
yo no busco amor de paso,
porque quiero solo un amor
verdadero que me diga: yo
contigo al día de mañana me caso.

_ Catalana no sé lo que tienes.
Pero esos ojos tan bonitos loco a
mí me tienes.

_ Catalana si con tan solo un beso te pudiera llevar a la luna sería el hombre más afortunado de la tierra por tener una mujer que sé merece mi gran fortuna.

_ Catalana por las calles de Vic yo a ti te vi pasar con esa minifalda que tenías que ibas provocando sin más. Porque todas las flores hermosas se rinden ante ti nada más.

Julio Moreno Escritor

_ Catalana yo te escribo solo para verte feliz. Porque paseando por las calles de Viladecans yo me enamoré de ti.

_ Catalana cada beso de buenos días son los mejores de mi vida. Porque nunca había soñado tener una mujer que me levante, así como tú todos los días.

_ Sant Feliu de Llobregat una
mañana yo encontré a una
Catalana con unos ojos verdes
que me los quería comer. Porque
esa mujer tenía algo en su mirada
que solo con mirarme yo de ella
me enamoré.

_ Catalana eres bonita y sobre
todo alegre. Y, en Sant Joan
Despí con los brazos abiertos
loco me tienes.

_ Catalana si miras las estrellas te darás cuenta que tiene un beso mío para ti. Porque desde Sant Adrià de Besòs mis besos son solo para ti.

_ Catalana cuándo miro tú foto es lo más hermoso que yo veo. Porque cuándo te vi dije en voz baja para mí: esa rubia la tengo que conseguir…

_ Catalana eres lo más hermoso de Barcelona, pero también eres de mi gran tierra Sant Feliu de Llobregat. Porque en tú cara se muestra la hermosura por donde tú caminas y no hay mujer que te pueda igualar.

_ Catalana tus besos para mi son los más bonitos del día. Porque nadie me tira los besos como tú vida mía.

Julio Moreno Escritor

_ Catalana en Sant Vicenç Dels Horts por primera vez vi a una mujer que me lleno el corazón. Y por culpa de esa mujer todos los días lloro yo.

_ Catalana eres guapa. Eres bonita y la rosa más preciosa se encuentra en Casteldefels, porque tú eres la más bonita.

_ Catalana siempre que te enamores que sea de un poeta. Porque así todas las noches te iras a la cama contenta.

_ Catalana mi alma llora por una mujer que vive en Sant Pere de Ribes. Porque ella sabe lo que la quiero y ella por mí se desvive.

_ Catalana tus ojos se me clavan como dos pistolas. Porque no hay rubia como tú que componga esta bonita obra.

_ Catalana tus ojos se me clavaron nada más verte en Santa Perpetua de Moguda. Porque no he visto rubia como tú que me diga a los ojos que poesía más chula.

_ Catalana mira si escribo poesía y mira que las escribo con amor. Porque no hay ciudad más bonita igual que Igualada y las hago con amor.

_ Catalana yo a ti te quiero. Pero ten en cuenta que Sitges yo la amo. Porque ella es mi tierra y es allí donde me he criado.

_ Catalana mira si te quiero y te amo. Pero lo mejor es que tú y yo estemos separados. Porque nuestro amor es de locos porque tú y yo nos amamos.

Julio Moreno Escritor

_ Catalana tus ojos son mi vida.
Tú corazón es mi bendición.
Y con esta poesía te escribo mujer
tú siempre serás la dueña de mi
corazón.

_ Catalana no quiero tus holas y
mucho menos tus escritos.
Porque en esta poesía que te
escribo te digo: que ya no te
necesito.

_ Catalana paseando por Sant Boi
de Llobregat con una morenaza
yo me encontré. Y al ver esa
pedazo morenaza no me lo podría
ni creer, porque eran tan guapa
qué yo al verla solo de ella me
enamoré.

Julio Moreno Escritor

www.ingramcontent.com/pod-product-compliance
Lightning Source LLC
Chambersburg PA
CBHW050921260726
48660CB00001B/337